Karel Logist

# SOIXANTE-NEUF SELFIES FLOUS DANS UN MIROIR FÊLÉ

l'Arbre à paroles

iF

Certains de mes amis redoutent
de sentir déjà sur leur nuque
le vent glacé de la vieillesse
Je partage leurs inquiétudes
et je leur offre des écharpes
chauffantes et multicolores
Mais ma compassion ne les touche
pas plus longtemps que l'accolade
furtive que nous échangeons
Ils me soupçonnent d'ironie
prennent la pose, font la moue
et détestent ce qu'ils appellent
mon indifférence à la mort
qui n'est rien d'autre, je le jure
qu'une prière qui murmure
ma déférence envers la vie.

Moi qui trouvais jadis l'existence trop courte
tout m'assomme aujourd'hui comme il n'est pas permis
Je m'ennuie au travail, transpire dans des yourtes
où je m'éveille idiot d'avoir autant dormi.
J'en cherche les raisons ; j'accuse ces amis
qui m'exècrent d'oser dans mes carnets de doute
moquer leur sinueux amour du compromis
Oui, ils rendaient étroits mes espoirs et mes routes.
Plus rien ne me distrait, ni l'eau ni le soleil
Je m'emmerde à plein temps tels ces oursins de mer
otages consentants de leur corail vermeil.
Si au moins je pouvais empoisonner quelqu'un
blesser un doux pêcheur de mes piquants amers
je m'accommoderais de la fin des parfums.

La vie au ralenti
qui nous prend de vitesse
ça ne me déplaît pas
Le comptage des morts
du jour au lendemain
comme sport favori
ça change du lotto
et des matchs de football
Qu'on ne s'embrasse plus
qu'on se lave les mains
toutes les demi-heures
ce retour à l'hygiène
ça m'est plutôt égal
Que chacun obéisse
aux diktats des médias
ou des flux complotistes
ça ne m'étonne guère
Que tu ne veuilles plus
qu'on s'aime chaque jour
c'est bien dans l'air d'un temps
délétère qui use
le désir et la terre
C'est surtout la souffrance
des adolescents tristes
en deuil de leurs attentes
et des mômes qui grandissent
en cachant leur sourire
qui me met en colère.

Sans mon filtre
tout disparaît
car je prétends sans prétention
que chaque regard est unique
Le visage qui me sourit
parce que j'écoute sa peine
La dispute de deux amants
alors que je passe auprès d'eux
La course folle d'un écureuil
que mon vélo a effrayé
Ton corps que je fais frissonner
quand je me couche à tes côtés
Les mots que j'entends, que j'écris
Le bruit de la pluie qui me berce
Les heures passées à t'attendre
Les souvenirs que je caresse
comme le double de ma peau
Les couleurs du ciel qui s'effacent
Moi seul les vois
comme je les vois.

Certains de mes amis me disent
de reprendre un peu de distance
envers mes propres circonstances
de vivre le jour selon sa guise
de chercher le pied d'un escalier
au lieu d'affronter la montagne
Ces conseils-là hélas m'éloignent
des serments qui nous ont liés
Je crains qu'ils prônent un confort
qui ne me séduit pas beaucoup
Je pourrais leur briser le cou
si je ne les aimais tant encore.

Je la trouvais sexy parce qu'à dix-sept ans
elle disait avoir lu les *Rougon-Macquart*.
Sans gêne, elle fumait en buvant de la bière
et se foutait pas mal du tiers comme du quart.
Son papa écrivait du théâtre en wallon.
Ils habitaient à Theux et ça paraissait louche
à certains compagnons d'école si spadois.
D'aucuns lui battaient froid et la trouvaient vulgaire.
Elle passait aussi pour un peu déclassée
parce qu'elle aimait Clash arborait un piercing.
Un jour qu'en groupe nous allions en train à Liège
elle nous fit goûter du rhum dont elle avait
une pleine bouteille empruntée à son père.
Ensuite elle me fit asseoir sur ses genoux
et pelota mes fesses à m'en faire rougir.
Elle avait un grand frère à la moustache fauve
que les miens appelaient tous deux Face de rat.
Je ne supportais pas cette méchanceté.
Un garçon lui plaisait un grand interne blond
qui nous snobait un peu. Il venait de Bruxelles
où ses parents tenaient un quelconque café.
Mes tripes s'embrasaient d'amertume jalouse
quand je les observais se rouler des patins.
Parfois, je me demande après quarante années
où la vie a conduit cette âme délurée
qui sculpta mon regard sur la féminité.

Le papier à fleurs se décolle
Les posters d'idoles bleuissent
dans le silence des guitares
Des cartes postales se fanent
dont les signatures s'effacent
Sous le lit en bois d'acajou
un tas de bulletins d'école
pleure son ascendant perdu
Les meubles grincent leurs grimaces
de vieux qui ont capitulé
et trahissent un tiroir secret
où la poussière n'entre plus
Dans la bibliothèque rose
le Clan des Sept est décimé
La maison est pourtant debout
où nos désirs d'enfant reposent.

Je ne lève plus les yeux vers la complexité
des constellations
et je ne goûte plus
les miels de la grande Ourse
qui ne se couche nulle part
Je n'observerai jamais les aurores boréales
Je n'irai pas sur Mars la rouge
parce que la gravité ne me concerne pas
Qu'on ne me parle pas des étoiles
Elles ne sont plus mes alliées
Mon manuel d'astronomie
surélève un meuble bancal
Depuis que tu es loin, la Terre
est aussi vide que la Lune.

Le langage est une aventure
un chantoir souterrain qui berce
la musique des paysages
pour dire ses secrets au monde
Il sait traduire le silence
par l'écriture et donner forme
ou force aux sens qui nous traversent
d'un jour vers l'autre de la vie
Les langues sont des ponts fragiles
qui nous font aimer un vertige
entre les livres et les rives
Au lendemain des lèvres tues
je me souviens de chaque mot
s'il a visité ton visage.

J'ai beau avoir pris mes distances
avec la plupart de mes morts
me montrer prudent comme un Sioux
j'entre quand même à petits pas
dans le dernier quart de ma vie
Quart de tribord ou de bâbord
je suis en peine de le dire
moi qui n'ai pas le pied marin
et qui navigue à vue myope
dans le sillon d'un bateau ivre
Je monte à bord des mots qui passent
tant qu'ils ne vont pas trop profond
Qu'ils soient putains ou bien pirates
je les accompagne au bordel
d'aventures qui me ressemblent
Ne craignez pas que je m'occulte
ni que je songe à vous lâcher
Bon dos, bon cœur, bon œil, je veille
plus tard que beaucoup de mes pairs
et chaque jour je m'émerveille
Quoi que l'on pense ou que l'on danse
préparer l'oreille au silence
reste un défi pour la musique
Je m'y entraîne À quoi sinon
me servirait la poésie ?

La vie a besoin d'être aimée
envie d'être désirée
de prendre le vent de face
de sentir et de consentir
de se savoir surprise
librement caressée
par des mains de rencontre
dans la joie du hasard
La vie a besoin d'être nue
de jour comme de nuit
sans entraves ni masques
autour de son sourire
envie d'être chantée
avec des mots faciles
dans l'orchestre des paysages
de danser et de s'émouvoir
pour la magie du lendemain
Sans quoi elle passe
se lasse et tourne les talons
s'efface
comme n'importe qui
le ferait à sa place.

Yanis voudrait savoir pourquoi la lune est ronde
tellement moins souvent que son frère soleil
Il demande comment distinguer le sommeil
des sentiers de silence où c'est la mort qui rôde
Yanis voudrait savoir de quel bois je me chauffe
quand je poursuis l'hiver jusqu'au fond d'un poème
Où sont partis les traits des visages que j'aime ?
Qui coupait mes cheveux avant que je sois chauve ?
Sous l'arc inquisiteur d'un sourcil qui se fronce
il demande si grandir est un jeu de dupes
et pourquoi sa maman ne porte plus de jupes
Moi, j'aimerais savoir si tous les philosophes
dans leurs habits d'enfant d'avant la catastrophe
posent plus de questions qu'il n'y a de réponses.

Mes poètes parfois
entravent leur pensée
en choisissant leurs mots
En procédant ainsi
ils renvoient dos à dos
libre arbitre
et savoir théorique
et se mettent à écrire
en marge de leur poème
dans la marche des mots.

Qui nous écoute encore
la moue émerveillée
et le sourire aux lèvres ?
Qui gobe nos exploits ?
Nous arrivons trop tard
pour agiter les foules
Ceux que nous ravissions
sont endormis déjà
et leur révolution
ne se souvient de rien
Qui viendrait s'abreuver
à nos discours caduques
quand la meute excitée
veut de nouveaux prophètes
qui la conduisent vite
et plus intensément ?
La Terre tourne plate
autour d'un seul nombril
Nos doutes en orbite
ne troublent même pas
le récit d'une étoile
brillante quoique morte.

Oublie mon nom
mon numéro
la marque de mes cigarettes
Oublie mes mots
ma belle humeur
et toutes leurs marques de tendresse
Oublie mon oreille poilue
et son plaisir à t'écouter
Oublie mon adresse
mon fauteuil
et ses bras où tu t'effondrais
Oublie ma bouche
que tu baisais
avidement mais par défaut
Oublie mon cœur qui s'emballait
quand tu t'endormais dans nos rires
Oublie aussi comme il faisait
bon d'être malheureux ensemble
Oublie l'oubli
qui m'autorise
des souvenirs que tu n'as pas.

Je fais parfois ce rêve d'une maison dans laquelle il pleut et où je suis petit enfant. Au coin de chaque pièce de notre doux taudis, on a placé des seaux qu'il faut sortir vider régulièrement. Et cela crée une animation familiale joyeusement inédite. L'humidité décolle le papier peint des murs. L'orage gronde. De faux plafonds suintent et menacent de s'effondrer. Ma mère garde le sourire mais je vois qu'elle se force. Mon père lance des ordres dont l'inefficacité ne défie pas la pluie. Je ne me sens pas concerné. J'ai d'autres chats à fouetter : j'ai égaré mon jouet préféré, un canard, un arrosoir, un navire ou une boussole... Je ne sais pas lequel puisque je l'ai perdu. Notre propriétaire est là aussi, qui tambourine à notre vitre et me foudroie du regard. Elle m'accuse d'avoir oublié de refermer un robinet de la salle de bain. Elle pointe sur moi une arquebuse vengeresse, déguisée en parapluie. Alors, je m'éveille en sursaut, trempé de sueur mais au sec. Unique survivant parmi mes chers protagonistes.

La nuit, parfois, sous le prétexte d'un poème, l'éveillait en sursaut et le chassait du lit. Il s'habillait alors, de guerre lasse, se mettait sur son 31, tout en lenteur, en veillant à ne renverser aucun des objets du silence. Puis il sortait dans la rue et arrêtait un taxi au conducteur fantôme. En traversant la ville, il admirait sous la lune les filles, les chevaux et les lumières des réverbères. Il passait aussi de longs coups de fil et s'entretenait avec quelques amis, à l'autre bout du globe, de leurs meilleures années et de la force de leurs espoirs. Ensemble, ils buvaient des verres de rosée à la santé des hommes et de leurs dieux. Ils asseyaient l'aube sur leurs genoux, comme le faisait Rimbaud, et embrassaient sa jeune beauté. La magie opérait et promettait d'écrire, à l'occasion, des pages heureuses pour les futurs matins du monde. Il ne rentrait enfin chez lui qu'au lever du jour et se recouchait fourbu. Il regardait dormir sa femme avec envie, en cherchant vainement à deviner ses rêves.

Il faut que je m'aère, que je sorte de moi, que j'oxygène
mes nerfs, mes neurones et ma voix
que je retrouve mon souffle de coureur de saisons,
attentif aux couleurs, rebelle à qui m'étouffe
Il faut que je rassemble mes forces vers la source et
désamorce l'arme qui raccourcit mes jours
que je monte à l'assaut de nouvelles montagnes, que
j'attrape au lasso le bétail de mes larmes
que je gifle l'ivrogne dont les lèvres marmonnent,
une cigarette au bec, la liste des échecs
Il faut que je m'applique à ne plus respirer, aux mêmes
heures que toi, ton air de m'ignorer.

Ce n'est pas qu'il soit vieux ni vidé de sa vie. Par la petite porte et de coupables négligences, ses désirs s'en sont allés. Les livres lui tombent des mains. Leurs pages se ressemblent et n'alimentent que ses doutes. Il n'a pas envie de lumière ni de rencontrer ses amis dont la conversation l'épuise. Il ne convoque plus les visages et les mots qui faisaient ses joies ou ses peines. Même sa propre ombre l'horripile. S'il lui arrive encore d'avoir l'usage d'une femme, c'est mécaniquement, plus pour l'hygiène que par goût. La nuit, il sommeille sans rêves en serrant les poings sous les draps. Le jour, il s'allonge sur son lit et écoute la voix qui lui murmure en boucle qu'il paie pour les crimes qu'il aurait dû commettre.

Je cherchais des mots sans usage
à l'exception de leur beauté
qui m'aidaient à dicter des rêves
à nos nuits blanches sous l'été
Je rasais les murs à la traîne
de maigres amours de passage
qui m'apprenaient à respirer
quand je suffoquais de silence
J'ai promené ce souffle court
tout au long de l'adolescence
Tu disais qu'il faudrait mûrir
Je répondais Plutôt mourir !
De cette recherche il ne reste
peut-être que la nostalgie
de mes errances jusqu'ici.

« Reste encore un peu, te dit-il
Je connais des histoires drôles
et des poèmes d'amour qui
pourraient t'émouvoir jusqu'aux larmes »
Les infirmières sont jolies
toutes semblables sous leur masque
l'homme dans l'autre lit, un bavard
qui reçoit souvent des visites
Il veut me glisser dans la main
pour quelques instants de bonus
une caresse et de l'argent.
Je ne veux pas de ses largesses
Mauvais fils, clame ma conscience
Je ne veux que prendre le large
et fuir une chambre qui sent
la maltraitance, l'amidon
l'oubli, le rance et l'abandon.

Sur le pont d'Amercœur
soudain sans crier gare
le soleil arrose la pluie
le ciel attire mon regard
Une échelle de sept couleurs
arc-boute contre le zénith
un mot remonté de l'enfance
*Regenbogen* disait maman
qui enfouissait ses trésors
au pied secret de l'arc-en-ciel.

Jadis, quand un quidam s'exposait aux voyages, vers une ville, un port, une île, une station thermale – jamais loin car la terre était plate, le monde un bleu village (et le touriste roi) –, à la veille du retour, il griffonnait en hâte quelques mots convenus dans la marge ténue de l'envers d'une carte aux couleurs chatoyantes (représentant une cathédrale, une plage, un patchwork historique ou des bougainvilliers). Il postait cet A6 aux amis sédentaires, par goût inavoué de les savoir envieux. Sur l'aimable rectangle, il déposait aussi un semblant de baiser à la colle du timbre.

Je scrute les étoiles
blancs fantômes déjà
plus morts que souvenirs
Si le soleil explose
moi je ne l'apprendrai
que huit minutes plus tard
Et si je viens ouvrir
le livre des visages
tes likes sont des caresses
dont je vibre à distance
quand tes doigts sont ailleurs.

L'hiver, quand passent nos fantômes, dans leurs blancs habits de mémoire, le vent cesse poliment de souffleter la neige pour les écouter murmurer. Mais nos oreilles se protégent, sous les bonnets, sous les chapkas ou dans la raison qui résonne. On a un peu plus froid pendant que nous traversent ces ectoplasmes farouches et leurs images familières. Ça ne dure pas longtemps puis chacun s'en retourne dormir, rêver sa propre vie.

À présent, il est tard et la nuit nous recouvre. Tu évoques le Kintsugi, ce symbole de la résilience. Je n'avais jamais entendu ces mots-là dans ta bouche... Tu me parles d'un récipient brisé dont un empereur du Japon aurait pansé, jour après jour, les fissures avec de l'or pour le rendre plus beau et presque invulnérable. Je te réponds qu'il y a peut-être de cela dans la façon dont je survis à mes failles et à mes fêlures, dont je les enjolive au lieu de les cacher. J'essaie d'imaginer ce vase et je le remplis de mes larmes.

Ne me caresse plus | avec autant de mains | J'aimerais que tu m'oublies | lorsque tu penses à moi | Nos heures sont comptées | par des dieux implacables | qui ne nous passent rien | et se moquent de nous | La tendresse est tempête | et secousse la beauté | Je veux être inconnu | de tous hormis de toi | et rester invisible | s'il s'agit de t'aimer | Ton corps parle une langue | que je maîtrise mal | Mon cœur risque un langage | qui te surprend parfois | Personne ne doit savoir | combien je suis fragile | quand nos joies oblitèrent | le timbre de ma voix.

Je m'invente bien ailleurs.
Car je sais ce que j'aime :
le rock, le porno, les poèmes,
Nietzsche, l'amitié et ses regards.
Je n'ai pas attendu
que ce monde se confine
pour faire cavalier seul.
Dans cet espace immense
que la vie m'autorise
je galope chaque matin
vers d'infinies prairies
que tant d'autres désertent.
Je m'y avance avec
un dur désir de voir
et d'aimer n'importe où
pourvu que j'y découvre
un soleil pour mes doutes.
Mes journées sont des portes.

Il y a tant de choses, de circonstances et de personnes détestables : les verrues des rêveurs ; les rentiers, les Terriens ; l'olive comme la voile ; la neige, le génie ; les pyromanes, les paronymes ; les radoteurs et les routardes ; les périls et les replis ; toutes sortes de torses ; les phrases des sherpas ; les câpres et les carpes ; les calepins, les pélicans ; les pelouses loupées ; les après-repas ; les vipères privées ; la versification, ses vérifications et tellement de disputes stupides.
Il y aurait aussi tant d'hommes à ne pas aimer. Alors, dis-moi : pourquoi m'avoir choisi ?

Ce qui fout vraiment la merde,
c'est de se savoir aussi mortels
que Bowie ou Maradona.
C'est une évidence fatale
que s'approche un fâcheux autel
où de sottes messes seront dites
en mon absence. Et ça fait chier
d'imaginer les gueules contrites
de mes amis, de mes ennemis
bâfrant des sandwichs pendant qu'on
m'incinérera comme un con
avec une playlist à vomir
d'Yves Duteil, de Supertramp
et d'artistes qui fichent des crampes.
Mais comment partir autrement
qu'en supportant pareils tourments ?

Si ton identité t'échappe
chape de verre ou de ciment
mens une fois de plus et laisse
l'escalier au pied du volcan
Quand tu t'égares dans le vent
vends ta raison au plus offrant
franchis les seuils que tu redoutes
Doute de ton voyage aussi
Si chaque jour de ta semaine
mène à un terme qui t'enferme
ferme ta prison, cueille l'heure
heureuse et couvre-la de mots
Modèle ton cœur à l'image
majestueuse d'une vie
violente et prends le maquis
qui te conduira jusqu'ici.

Je n'ai jamais été un garçon expansif
Ma pudeur à tous crins m'éloigne des transports
sociaux et sensuels qui coûtent tant d'efforts.
Je suis d'égale humeur ; j'évite les récifs.
J'arpente lentement dans la lumière rousse
mes sillons où n'éclôt nulle herbe de remords
Je n'ai pas d'ennemi qui souhaite ma mort
et mon alacrité fait le bonheur de tous.
Je passe pour un être un peu contemplatif
aux contours plutôt flous parce que très gommés.
Je préfère parler de moi au subjonctif.
Je suis ce figurant – que la plupart oublient –
qui se souvient d'avoir abondamment aimé
sans jamais un regret chaque jour de sa vie.

Hier encore, on me soufflait en plein visage, sans sommation et à tout bout de champ, des blagues salaces, des confidences ou bien des apartés flanqués de postillons. Ils engendraient en moi, selon les circonstances et le potentiel érotique de la bouche de leur locuteur, parfois des hauts-le-cœur, parfois du ravissement. Or voici qu'elles me manquent toutes, ces bonnes promiscuités entre salves fétides et salives lascives dans l'explosion des rires. Où sont les haleines des enfants, les humeurs des amours et les baves avinées qui fleuraient à la fois la vie et l'ail des jours ?

Les jours redeviennent sereins
un peu plus longs, un peu moins gourds
Les arbres qui pleuraient se taisent
Leurs feuilles ont crissé sous la neige
quand l'hiver a tué l'automne
La fièvre et la soif se retirent
des lits qu'elles avaient noyés
La convalescence s'achève
et les draps ne transpirent plus
Le bruit des pensées a fait place
à des musiques familières
Les couleurs qui blessaient aux yeux
ne provoquent plus de vertiges
L'efface-rêves refonctionne
comme avant depuis quelques nuits
Je me souviens de cet ami
qui prétendait qu'aimer fatigue.

Dans la salle des pas-perdus | spacieuse comme un continent | il y a la faune et la flore | et les gens sur leur téléphone | à volonté des boissons chaudes | des softs mais aussi de la bière | des policiers en uniforme | pour éviter toute pagaille | des animations qui conseillent | de se méfier des pickpockets | des sourires d'abord contraints | au bout du compte assez confiants | la voix allègre d'une hôtesse | qui vous souhaite un bon voyage | de la part de la compagnie | et du pilote automatique. | Une musique d'ascenseur | accompagne la fin du monde.

Je suis son follower
toujours plus roucoulant
Qu'elle publie des horreurs
un serpent en gros plan
des blagues crapuleuses
des vidéos de chats
des forêts nébuleuses
ou du téléachat
des ciels de Moravie
ou des veaux nourrissons
des mots de Marc Lévy
ou de Jean d'Ormesson
des vues de Saragosse
(où les a-t-elle chopées ?)
des screenshots de ses gosses
qu'elle a photoshopés
des photos de Jude Law
et des rives du Tage
je chéris je partage
je renchéris je waouwe
j'applaudis sans recul
j'adore sans calcul
Je suis son encensoir
le plus surexcité
je suis son faire-valoir
le plus décomplexé
je suis son follower
le plus plein de ferveur.

Bien sûr, il y aurait à dire les beautés
de chaque instant qui nous rapproche de la mort
des sourires offerts et des larmes comptées
tant que le cœur en vie allègre bat encore.
Bien sûr, il y aurait place pour tout le monde
les amis, les inclus, les exclus et les autres.
Tous participeraient à ces joyeuses rondes
tant qu'il s'agit d'une course contre la montre.
Mais je manque d'entrain. Les musiques saturent.
L'orchestre est fatigué de l'arrière-saison
et je n'ai plus le goût de chanter l'aventure.
Dans l'or de l'univers, une corde brisée
pleure l'ordre à l'envers truqué du diapason.
Je préfère dormir sous des vents alizés.

Je suis toujours en deuil
de quelque chose
plus que de quelqu'un
C'est comme
un membre qu'on ampute
qui se rappelle au corps
facétieux fantôme
tendant au bras coupé
une main secourable
Tu dis que je deviens
une langue de pute
car je répète partout
pourquoi ton cœur m'a plu
Alors je te balance
ce péremptoire axiome :
« Nous n'aimerons
que tant que nous serons aimables. »
Ma douleur se poursuit
mais jamais ne te cherche
Je vais sans énergie
et je mange avec faim
les miettes d'un passé
sauvé du caniveau
Je suis tel un athlète
qui dédaigne la perche
pour le saut en longueur
Ma langueur prendra fin
peut-être quand nos ombres
se toucheront à nouveau.

Si je mourais dans mon sommeil
après dix ans de solitudes
qui forcerait ma porte close
toujours fermée à double tour ?
Qui respirerait en premier
les effluves de ma carcasse ?
Qui viderait mon lave-vaisselle
mes tiroirs et mon compte en banque ?
Qui déverrouillerait mon portable
pour lire mes derniers poèmes ?
Qui découvrirait mes sextoys
rangés dans une boîte à biscuits
sous la poussière de mon lit ?
Qui écrirait une élégie
dont je n'aurais pas à rougir ?
Qui se souviendrait que j'aimais
les glaïeuls et les angles droits ?
Si je mourais dans mon sommeil
aujourd'hui ou dans quarante ans
au soir d'une vie à l'envers
qui caresserait mon cercueil
avec douceur et amitié
comme on polit la peau
d'une vieille habitude ?

Je parle pour ceux qui pleurent
qui écorchent une langue
que d'autres font chanter
Je parle de ceux qui veillent
et renoncent par pudeur
à habiller leurs rêves
Je parle au nom de ceux
qui savent leur destin
mais se trompent de route
Je parle avec mes mots
du silence où les a
enfermés notre histoire
Je parle dans vos yeux
de ces êtres meurtris
que nos valeurs ravalent
Je parle sous la dictée
d'une voix unanime
au bout de sa patience
Je parle d'où je suis
complice d'une classe
qui étouffe les faibles
et je lis sur vos lèvres
que vous n'entendez pas
la révolte qui gronde.

L'Enfer affichant complet
j'ai ce rêve un peu faustien
de vendre mon âme à Dieu
« Mais auquel ? », me direz-vous
Ce n'est pas un choix facile
Me fier au plus offrant
qui promet le bordel sur terre
et des vierges au paradis ?
Me laisser pousser la barbe
puis la teindre de henné
en récitant des sourates ?
« Prends ce Dieu à la peau blanche
qui t'a sacrifié son fils
Il n'est pas très regardant
et tolère tous les vices »
me siffle une voix amie
dans une haleine de stupre
La Beauté s'endort près d'elle
d'un sommeil bien mérité
Je les rejoins sous la couette.

Certains jours
quand je ne dispose
que de quatorze minutes
entre deux trains
entre deux rendez-vous
entre deux cigarettes
pour écrire un poème
je me demande comment
y faire entrer tout cela
que j'escompte encore
à la devanture des mots
du moment bleu l'aventure
Alors je m'applique à saisir
presque amoureusement
le va-et-vient
l'aller-retour
entre la vie et l'écriture.

Quand je ne t'aimerai plus que du bout des lèvres
je te ferai la guerre afin de me distraire
Je prendrai le parti de tes meilleures ennemies
Je moquerai tes goûts tes dégoûts tes gourous
Tes opinions politiquement trop policées
Tes bourrelets de conscience
Tes rides humanitaires
Ta sensiblerie et ton insensibilité
Tes fautes de français
Tes délits d'orthographe
Ton usage approximatif du subjonctif
Je serai sournois, méchant, imprévisible
Pareil au champ de mines sur lequel hier nous
dansions Quand je ne t'aimerai plus comme
dans les livres
Tu fulmineras certes en me traitant de mufle
Puis lasse du salaud qui ne t'enlace plus
Tu t'apaiseras vite
Bafouée mais en somme
Forte et fière comme l'héroïne
De ton propre roman-photo.

C'est un homme ordinaire
Ni petit ni grand
Ni vieux ni jeune
Ni gros ni mince
Sans souvenir
Sans avenir
Sans aventures
Sans inventaires
Sans amis mais sans ennemis
Sans lunettes sans luttes
Sans voix et sans combats
C'est un homme qui passe
qui est déjà passé
et qui repassera
dépourvu de signes particuliers
de qualités comme de défauts
Tout le monde le connaît
et ne le connaît pas
cet homme tellement oubliable
que chaque matin
le miroir de la salle de bain
réfléchit longuement avant
de me présenter son image.

Il serait injuste de dire
que tu vas m'oublier
Non. Pas complètement.
Tu es quelqu'un d'urbain
Tu prends de mes nouvelles
ainsi que de mes potes
quand je m'enquiers de toi
Peu d'espoir que j'échappe
à la conscience de classe
qui orchestre ta vie
Pas question que tu zappes
mon jour anniversaire
Tu m'envoies des messages
polis comme des meubles
presque vides de message
mais remplis de sourires
Je demeure encore pour toi
potentiellement vacant
amicalement utile
mais pas indispensable
comme une note en bas de page
ou en fin de chapitre.

S'il ne tenait qu'à elle
les poules auraient des dents
et Paris en bouteille
porterait tendrement
ses messages d'amour
à la mer à l'amant
S'il ne tenait qu'à elle
elle décrocherait la lune
elle envoûterait ses yeux
pour qu'il la trouve belle
et qu'elle soit la seule
à qui sourit son corps
S'il ne tenait qu'à elle
comme elle tient à lui.

Combien en une vie
usons-nous de vêtements
pour camoufler nos peaux
nos ventres et nos culs ?
Combien de fois retournons-nous
nos vestes et nos chemises
par peur de déplaire ou de laisser voir
nos failles mises à nu ?
Nous rapiéçons des vérités
Nous vivons cousus de fil blanc
Quand sortirons-nous du placard
les moines qui font nos habits ?
Combien en une vie
revêtons-nous de mensonges ?
Combien chiffonnons-nous
de rêves pour les vivre ?

Pourquoi certains amis sont-ils désespérés
au point de parler d'écourter
leur brève et singulière vie
au lieu de l'écouter leur dire l'avenir
Peut-être ne font-ils pas assez souvent l'amour
Peut-être lisent-ils trop de presse à scandale
Peut-être consomment-ils
trop de fake news éphémères
et de haines quotidiennes
au lieu de goûter la beauté
des fleurs et des oiseaux
des villes et des ponts
des filles et des garçons
au lieu d'accroître
le butin de la vie qui butine autour d'eux
Peut-être lisent-ils trop peu
de poèmes impeccables
Peut-être n'ont-ils pas appris à dépenser
les trésors qui dorment en eux
désappris à penser et danser leur désordre
Ces amis qui cherchent à mourir avant terme
au mépris de leur peur au mépris de nos larmes
peut-être vivent-ils trop rarement
pour les pages pénultièmes
de romans étrangers dont la fin vous remue
puis vous dévore le cœur.

Je ne devrais jamais
voyager en première classe
C'est un privilège dégueulasse
Les vitres y sont plus nettes
les paysages plus beaux
les sièges plus confortables
les chiottes plus propres
le Wifi bien meilleur
les accompagnateurs
tellement plus polis
les filles plus jolies
les amants plus aimables
En classe business
où des amitiés naissent
c'est la fracture sociale
qui s'affiche au grand jour
Je n'y peux rien
N'y changeons rien
Pas encore Pas tout de suite
Pas aujourd'hui.
Qu'on est bien tous les deux.

Tous les jours je m'habille
de paroles de chansons
Je sais qu'elles sonnent faux
et je sais qu'il est mièvre
l'amour qu'elles distillent
entre deux rimes pauvres
Non, je ne suis pas dupe
de leurs refrains niais
mais ça me fait du bien
de les karaoker.

Passé au détecteur de songes
veule amant tu révéleras
que tu as rêvé d'elle nue
revenue promener
là-haut sur la colline
ses rates et son spleen
et qu'elle avait dans ses cheveux
bleuis de méthylène
de la poussière d'étoile
du sperme d'escargot
du suc de mandragore
et des fils de la vierge
Tu te démêleras
pour ne pas en dire plus
Tout le reste est cauchemar
pour salon de coiffure.

Je n'attends même plus que des amis m'appellent
pour me parler de leurs semblables solitudes
Je suis seul comme un rat qui connaîtrait par cœur
l'expérience qu'on lui fait répéter sans fin
Je me dis homme heureux parce que sans entrave
ni contrainte ni voies à suivre ou esquiver
Je distingue aujourd'hui ma faim de mon désir
et l'être du paraître avec discernement
Je n'aime plus vraiment voir des gens ni des bêtes
Je préfére de loin rester avec les mots
qui ponctuent à présent chacune de mes heures
leurs instants de lenteur et leurs moments d'ennui
J'observe dans la nuit les ombres de mes doigts
mélangeant leur poème et mon temps qui s'écrit.

Je suis capable de nommer
tout ce que je vois
Je peux appeler au bout du monde
ceux que j'aime
Je choisis
en quoi je crois
Je désigne
sans les déguiser
mes désirs
Mais je n'ai pas les mots
pour dire et pour décrire
le goût et la douleur
de la poire d'angoisse.

Il avait rejoint un groupe Facebook réunissant les travailleurs francophones et furieux de la fonction publique. Au sein de ce groupe, il adhéra à celui dédié aux enseignants fâchés du peu de cas que l'on fait des écoles. Il s'inscrivit ensuite dans un sous-groupe rassemblant les professeurs en colère et homosexuels. Entretemps, il s'affilia à une section qui fédérait le corps professoral en rage, lgbt et amateur de calembours. Il s'aperçut enfin qu'il existait un groupuscule de profs gays, en rogne contre le système, aimant les jeux de mots et la gastronomie luxembourgeoise. Et, dans ce petit groupe-là, ils n'étaient plus que deux. Lui et son faux profil, même pas l'homme de sa vie.

Trop souvent défini par d'autres
par tous les autres
je cherche aujourd'hui
ma propre entrée
dans le dictionnaire de la vie
Je découvre à tâtons
de nouveaux modes d'emploi
et le vade-mecum
de mon usage au monde
Assigné dès l'adolescence
au silence puis à la parole
silencieuse de l'écriture
je n'en veux pas aux mots
qui m'ont servi d'écrans
Je note Je recopie
les bribes et les brèches
qui font la signature de mon individu
hors la littérature
Si j'apprécie le jeu
plus que son dénouement
J'aimerais changer de peau
sans changer de poème
et sans m'écorcher vif.

Entre gentils, nous nous entendons bien
Entre gens gentils et repus, encore plus
Nous hantons nos belles maisons
et leurs quatre façades
ignorant nos voisins
superficiels et sades
Nous chérissons nos pelouses
entretenues
nos piscines
entretenues
nos épouses
entretenues
ainsi que nos glycines
Et quand nous sommes ensemble
entre aimables personnes
nous mangeons nos promesses
et des animaux morts
n'en déplaise aux jaloux
et aux végétaliens
Car nous avons choisi
d'être des hommes forts
prométhéens protéiformes
et riches en protéines
à qui tout réussit
dans le meilleur des mondes.

Je vis dans le monde ancien
que traversent les romans
J'ai promené mon regard
sur tous les champs de bataille
La prise de la Bastille
la libération des Camps
la Commune de Juillet
Guernica, Iéna, Verdun
et la guerre du Vietnam
j'y tremblais au premier rang
J'ai bravé les interdits
de la morale bourgeoise
La trahison, l'adultère
le meurtre, la cocaïne
l'inceste, la déchéance
le suicide, la révolte
le cynisme et l'ambition
agrémentent mon sommeil
Mes amours me sont moins proches
que mes amis de papier
Emma Bovary, Gontcharov
Bardamu, Monte Christo
Lafcadio, Martin Eden
Rastignac, Valentin Brû
Humbert Humbert et Meursault
partagent mes apéros
J'embrasse les souvenirs
de qui ne m'a pas connu.

Les temps sont de retour
des règlements de comptes
Les crânes et les échines
craquent sous les gourdins
Les mêmes qui parlaient
de refaire le monde
viennent prêter main-forte
au lynchage des ombres
Ma rue est noire et grasse
Elle accuse le coup
les loups et les voisins
d'incivisme et peut-être
de répandre la peste
Sous mes fenêtres brunes
on érige des murs
des prisons et des cages
Je regarde grimper
par ces échafaudages
l'homme vers son miroir
et pleurer l'utopie
d'harmonie et de paix
qu'il s'inventait hier
quand il croyait acquise
la fin de la menace.

Avec les jours, les semaines, les années
tu grandiras en âge et en beauté
comme on dit dans les contes
Et il te poussera toutes sortes d'excroissances
parfois heureuses, souvent malencontreuses
Ça commencera par des cheveux
puis des dents puis encore d'autres dents
et ensuite des poils
une pomme d'Adam
de l'acné, des bourrelets, des taches de rousseur
peut-être des verrues
Ne parlons pas ici des testicules et des seins
et pour certains, des érections
qui compliquent aussi l'existence
Évidemment, chacun peut s'en accommoder
me rétorqueras-tu
(lorsque tu parleras)
Mais à chaque compromis avec ce corps en crue
tu verras que c'est un peu
de nos provisions de pure candeur
qui s'épuisent.

Je pourrais encore chaque nuit
incarner l'espion de ton souffle
Je pourrais même déplacer
à l'autre bout de l'échiquier
les pions espiègles qui t'enlèvent
vers où les aigles font leur nid
quand tu t'enfermes pour me fuir
Et j'aurais beau veiller
vivre aux aguets de ton sommeil
mon oreille contre tes lèvres
Je ne prendrai jamais
sous le grège de tes paupières
la mesure de tes songes
Je ne saurai jamais
la taille de tes rêves.

Je n'ai pas tout dit de l'ennui
Il me reste des mots à tordre
dans la panique et le désordre
avant d'être au bout de ma nuit
J'acte une fortuite envie
d'alcool de sexe ou d'autre chose
(de pain de poèmes ou de roses ?)
Ça me rappelle d'être en vie
Je décroche mes gants de boxe
Je règle mon compte au malaise
où croupissent mes paradoxes
Ça devient comme une habitude
Pour tromper l'ennemi, je baise
mon professeur de solitude.

Éclos dans de l'ouate
grandi avec amour
Il vit dans la benoîte
posture des bien nés
à qui tout est donné
depuis le premier jour
Beau gosse mais sournois
doté d'un tel surmoi
qu'il s'interdit d'aimer
malgré son cœur géant
Il finira sans doute
car la tristesse ajoute
du sel à l'océan
par s'autoconsumer.

Il se défie Il se surpasse
Il veut être premier en tout
Il repousse ici ses limites
Ailleurs il exhibe sa force
et il court jusqu'à la nausée
Je le regarde et m'interroge
mais ma question va lui paraître
lourde comme un rack plein d'haltères
« Tu escalades des sommets
Que fais-tu une fois là-haut ? »

Quand je m'use les yeux
entre des murs aveugles
devant un écran bleu
en quête de bonheur
quand des amis me disent
avec mansuétude
qu'il est avantageux
de savoir où aller
quand moite je me cogne
aux miroirs de ma vie
pour qui c'est chaque jour
le jour des encombrants
quand des enfants sournois
lacèrent mon visage
parce que je souris
autrement que leurs pères
où œuvres-tu Seigneur
qui nous dit-on rachète
maquignon sans vergogne
tous les péchés du monde ?

Le petit dieu de tes imperfections
peut dormir sur ses deux oreilles sourdes
Né avant-hier et de manière absurde
déjà on lui crée une religion
Son Panthéon draine des pèlerins
Loué soit-il pour ses fiers coups de reins
Priape et Pan avec leurs ventres ronds
époux puceaux boursouflés d'importance
bandent en chœur pour son omnipotence
Je l'ai prié D'autres le brûleront.

Cueillir le jour Courir les rues
Sauver la face Nager nu
Caresser l'air Vivre l'instant
Aimer l'ami Dormir l'amour

Ouvrir les mots Prendre parti
Chasser des souvenirs Voler
Braver les ordres Rester sobre
Brider les peurs Planter un arbre

Voir avec force Parler vrai
Se tenir droit Marcher sans but
Trembler sous la nuit Rire au vent
Mettre les fantômes au pas

Chérir les morts Fuir la Bêtise
Perdre son temps Trouver sa place
N'obliger personne Ne pas
Juger par l'écorce le cœur.

Elle pense que la quête de la beauté, l'Art pour l'art et la chronique des émotions sont les principales préoccupations du Poète. Elle prétend qu'il ne recherche point, comme le vil commun des mortels, la gloire, l'argent et les orgies. Elle affirme que nous sommes des êtres d'une essence exceptionnelle, dont la pure compagnie élève l'âme et l'esprit.
Ne la contredis surtout pas ; elle est bien roulée, elle a le bras long et jouira un jour d'une belle fortune.

Tu passes beaucoup d'heures, les meilleures de tes jours et de tes nuits, devant un écran plat, petite merveille technologique qui te bombarde de pixels. Il t'offre les débats, les combats, les ébats, les fictions, les romances, la plongée en apnée dans des histoires de cul, les films de Cap d'Agde et d'épée de Damoclès qui manquent si cruellement à ta vie sédentaire. Excité, fasciné, hypnotisé, passif et prosterné, tu t'endors sans prières devant ce dieu qui tremble. Et tu te réveilles vide de ce que tu as vu. Pourtant tu penses que parfois ton téléviseur voudrait te dire quelque chose. Il ne trouve pas les images.

Je me shoote au chagrin
des autres et du mien
J'élague les sanglots
et dégorge les peines
Je fais des confitures
de bourdons cafardeux
avec de vrais morceaux
de tristesse dedans
Je flaire le malheur
à plusieurs kilomètres
comme un requin le sang
qui pleure d'un blessé
J'ai besoin de ce fix
pour planer à travers
les plis de la journée
et les plaintes du soir
Je sens monter les larmes
comme une jouissance.

J'ai les pieds noirs, une haleine âcre
la peau grasse et le front brûlant
Mon œil est trouble comme une eau
qui renfermerait une épave
Mon érémitisme fait peur
à mes beaux amis qui s'éloignent
Qui s'approche de moi par mégarde
fait demi-tour avec horreur
Pour la science, j'esquisse ici
quelques-uns parmi les symptômes
de la maladie invisible
qui m'indispose un jour sur trois
quand je vous applaudis de loin
mais préfère mon oasis.

Si cela ne suffit pas
j'ajouterai des oiseaux
et peut-être des anges
(l'acrylique sur toile
n'aime pas les mélanges)
dans un coin du tableau
et dans l'autre une étoile
ou plutôt un soleil
au-dessus d'une piscine
lascive et bleu Hockney
où mes deux baigneurs nus
parce qu'ils n'ignorent pas
que je peins le bonheur
nageraient cent longueurs
sans langueur.

Ma grande sœur déconseillait
de soupirer contre le vent
de recueillir un chat l'hiver
et de pleurer l'estomac vide
Elle avait bien d'autres lubies
que sublimait son célibat
mais je ne vous les dirai pas
(ou bien dans un autre poème)
Sa maison était une ruine
et de nombreux corps de métier
s'y succédaient après journée
Elle offrait des bières et sa joie
aux ouvriers qui riaient fort
jusque bien tard dans son taudis
(je me souviens de leurs odeurs)
Un soir je l'y trouve endormie
dans un bain de mousse bleu pâle
(la porte n'était pas fermée)
À la hauteur de son nombril
flottait un luxueux sextoy
(je me rappelle sa couleur)
Quand j'ai voulu la réveiller
il a plongé comme un voleur.

Mes rares amis sont morts
Si je veux être honnête
ni leurs lèvres ni leurs mots
ne me manquent
Je n'aurai été proche
de rien ni de personne
Je vis indifférent
à ceux qui m'ont aimé
pour de mauvaises raisons
étranger à leurs gestes
comme à leurs attentions
Sur les murs de ma solitude
pour ma satisfaction
et me désennuyer
j'ai tracé au fil du temps
d'habiles trompe-l'œil
Je n'ai aucun regret
et me réjouirais presque
de m'évader d'un paysage
que je n'ai jamais habité
Et si tu lis ces lignes
c'est que nous sommes frères.

*L'auteur remercie la Fédération Wallonie-Bruxelles,*
*qui l'a aidé pour mener à bien ce projet.*

Dans la collection *i*F :

**Doina Ioanid**
RYTHMES POUR APPRIVOISER LA HÉRISSONNE
COUTURES
HISTOIRES DU PAYS DES BABOUCHES

**Karel Logist**
DESPERADOS

**Ben Arès**
MON NOM EST PRINTEMPS

**Nicole Caligaris et Pierre Le Pillouër**
L'EXPÉRIENCE D

**Anne Versailles**
VIOLA

**Alexis Alvarez Barbosa**
EXERCICES DE CHUTE

**Ritta Baddoura**
PARLER ÉTRANGEMENT

**Serge Airoldi**
PARTIR AVEC LE ZÈBRE

**Aliette Griz**
S'ÉCLIPSER

**Julie Remacle**
8 ANS

**Olivier Dombret**
NOTRE MÈRE LA MONTAGNE

**Laura Vazquez et Arno Calleja**
ASTROPOMÈMES

**Jérôme Poloczek**
AUTUBIOGRAPHIE

**Marie-Noëlle Agniau**
MORTELS HABITANTS DE LA TERRE

**Laurent Grenier**
DIX DISQUES DE TRAVERSE

**Fiston Mwanza Mujila**
SOLEIL PRIVÉ DE MAZOUT

**Dolorès Dorantes**
STYLE

**Lisette Lombé**
BLACK WORDS
VENUS POETICA

**Annick Walachniewicz**
IL NE PORTAIT PAS DE CHANDAIL

**Joy Harjo**
CARTE POUR LE MONDE À VENIR

**Edgar Kosma**
VIVRE AU VINGT-ET-UNIÈME SIÈCLE

**Catherine Barsics**
DISPARUE

**Collectif**
LA LIGNE BLANCHE

**Christine Aventin**
SCALP

**Véronique Roelandt**
MES HAMSTERS

***Diffusion et distribution en librairie***

BENELUX

**MAISON DE LA POÉSIE D'AMAY**
BP 12, B–4540 AMAY
Tél. : + 32 (0) 85 31 52 32 – Fax : + 32 (0) 85 31 54 32
distribution@maisondelapoesie.com

FRANCE

**LIBRAIRIE WALLONIE-BRUXELLES**
46, rue Quincampoix 75004 PARIS
Tel. : + 33 (0)1 42 71 58 03 – Fax : + 33 (0)1 42 71 58 09
librairiewb@gmail.com

***Diffusion internet***

editions@maisondelapoesie.com

Nos publications et activités d'animation culturelle sont possibles grâce à l'aide du gouvernement de la Région wallonne, de la Promotion des lettres du ministère de la Fédération Wallonie-Bruxelles, du Service des Affaires culturelles de la province de Liège, de la Loterie nationale et de l'Administration communale d'Amay.

La Maison de la poésie est affiliée à l'association Espace Livres et Création, groupement d'éditeurs et d'opérateurs de Wallonie-Bruxelles ainsi qu'à la fédération européenne des Maisons de poésie Maipo. Elle participe à la Journée mondiale de la poésie de l'Unesco, au Printemps des poètes, à la Fureur de Lire et est à l'initiative du Nouvel An Poétique.

Le CEC plume & pinceau est un Centre de coordination artistique d'Expression et de Créativité reconnu et soutenu par le service de l'Éducation permanente de la Fédération Wallonie-Bruxelles.

l'Arbre à paroles

ISBN : 978-2-87406-707-5
Dépôt légal : 2021/2292/05

Imprimé dans la dignité sur les presses de la Maison de la poésie d'Amay en Belgique.
Maquette et composition : Antoine Van Impe
Dessin de couverture : Benjamin Monti